AF456679

LE GASCON A TROIS VISAGES,

FOLIE-PARADE, MÊLÉE DE VAUDEVILLES;

PAR MM. GABRIEL ET HONORÉ;

BALLET DE M. BLACHE FILS.

Représenté pour la première fois, à Paris, sur le Théâtre de la Porte Saint-Martin, le 24 Décembre 1823.

PRIX : 50 cent.

Yth 7819

A PARIS,

AU GRAND MAGASIN DE PIÈCES DE THÉATRES, ANCIENNES ET MODERNES,

Chez Mme. HUET, Libraire-Éditeur, rue de Rohan, n°. 21, au coin de celle de Rivoli;

Et chez BARBA, Libraire, Palais-Royal.

1824.

PERSONNAGES. ACTEURS.

PERSONNAGES.	ACTEURS.
RAPHAEL-BEAUJOUR, peintre-vitrier.	M. MAZURIER.
MUSCADE, physicien-escamoteur....	M. MAZURIER.
PLUMPOUDING, danseur anglais....	M. MAZURIER.
M. GOBINART	M. PASCAL.
THÉRÈSE, sa fille................	Mlle. MARIETTE.
BADIN, costumier	M. VISSOT.
UN FACTEUR......................	M. BRIOL.

BALLET.

Pas Anglais.

M. Mazurier. Mesd. Thomson, Joséphine Petit, Marivin, Bernard.

Pas noble.

M. Aniel. Mlles. Nanine-Narra, Florentine.

Boléro.

M. Richard. Mlle. Juliette.

Pas Chinois.

M. Mazurier. (*Enfans.*) Ambroise, Gauché, Ferrin, Miscot.

La scène se passe sur une place publique.

Tous les débitans d'exemplaires non revêtus de la signature de l'éditeur, seront poursuivis comme contrefacteurs.

F.-P. HARDY, imprimeur, rue Neuve-S.-Médéric, N°. 44.

LE GASCON A TROIS VISAGES,

VAUDEVILLE, EN UN ACTE.

Le Théâtre représente une promenade publique ; à droite, la maison de Gobinard ; à gauche, plusieurs rangs de chaises.

SCÈNE PREMIÈRE.

THÉRESE, *sortant de chez son père.*

Voyez un peu s'il viendra..... c'est bien vilain de votre part, monsieur Raphaël. Ah ! mon dieu ! je tremble !.... Si mon père m'entendait ! lui qui ne veut pas tant seulement que je regarde un jeune homme en face ; s'il savait que depuis plus de six mois, nous nous écrivons des billets d'amour, et que nous nous faisons des sermens à n'en plus finir ; que je lui dis que je l'aime; qu'il me dit qu'il m'adore, pourtant son accent me fait peur, on dit partout que les gascons mentent souvent..... mais, en attendant, je l'écoute toujours, je lui ai promis mon cœur et ma main, et lui, en récompense de ça...

Air : *Un soir après pénible ouvrage.*

Toute la vie épris d'sa belle,
Il m'a promis la même ardeur,
Il m'a promis d'être fidèle,
Il m'a promis d'fair' mon bonheur,
Il m'a promis bien autre chose ;
Et l'jour que nous serons unis,
Monsieur Raphaël se propose
De tenir tout c'qu'il m'a Promis.

J' voudrais pourtant bien l' prévenir.....

RAPHAEL, *en dehors.*

On rit, on jase, on raisonne,
On s'amuse un moment.

THÉRESE.

Mais je ne me trompe pas, c'est lui..... Ah ! monsieur, vous vous faites attendre comme cela... Ne nous montrons pas encore. (*Elle s'éloigne un peu.*)

SCENE II.

RAPHAEL - BEAUJOUR, THÉRESE, *au fond.*

RAPHAEL.

Enfin, me voilà au rendez-vous ! (*Il appelle*) Thérèse !..... Thérèse ! Elle ne m'entend pas. Quoiq' ça, c'est une drôle de chose que la manière ingénieuse dont j'ai fait sa connaissance.

THÉRESE, *dans le fond.*

C'est vrai.

RAPHAEL.

Dans not' état de vitrier-peintre et doreur, nous avons un certain vernis de politesse, et nous savons dorer la pilule en encadrant la malice et l' sentiment sans qu' ça paraisse. J'avais distingué au travers de ses carreaux d' vître sa p'tite mine chiffonnée, ses yeux passionnés et son nez aquilin, à la Roxelaue, sans compter qu'elle chante !..... Dieu ! quelle belle voix ! je m'y connais, moi qu'a joué la tragédie bourgeoise, rue Chantereine..... Enfin, comment pénétrer dans la maison ? L'amour est aussi inventif que téméraire, je lance des pierres dans ses carreaux, j'en casse six....

THÉRESE, *à part.*

Je m'en souviens.

RAPHAEL.

Le père jure, j' profite de l'occasion, et j' m'introduis dans la maison, en ma qualité d' vitrier, pour poser les vîtres absens..... j' donne dans l'œil de la demoiselle.

THÉRÈSE.

Comme tous ces hommes sont suffisans !

RAPHAEL.

Le père descend.... je soupire !.... la fille sourit !... je l'embrasse..... elle pâlit !.... je respire !.... elle rougit !.... et voilà.... A présent, comment faire ? Le même moyen ne peut pas me servir. Nous nous écrivons des lettres sentimentales..... mais c'est plus ça, faut en finir.

THÉRÈSE, *se montrant.*

Comment, Monsieur, faut en finir !

RAPHAEL, *surpris.*

Quoi ! vous m'écoutiez, ma chère Thérèse.

THÉRÈSE.

Certainement, je vous écoutais.

RAPHAEL.

Vous me voyez brûlant d'amour et glacé d'effroi.

THÉRÈSE.

Pourquoi ?

RAPHAEL.

Parce que je crains de vous perdre.

THÉRÈSE.

Vous avez raison, papa veut me marier.

RAPHAEL.

Avec qui ?

THÉRÈSE.

Je n'en sais rien, ni lui non plus.

RAPHAEL.

C'est bon, j' vais trouver mon rival, et nous verrons.

THRRÈSE.

Ecoutez donc, j'allais m' décider à parler d' vous à mon père, mais il m'a interrompue pour me dire : Ma fille, il te faut un mari distingué, un homme qui ait de quoi. Je t'ai amassé une jolie dot, je n' veux pas la sacrifier.

RAPHAEL.

Oui, je sais qu'il vous donne une dot de quatre cents francs, mais croyez que ce n'est pas votre fortune qui m'éblouit.

THÉRÈSE.

Enfin, papa m'a dit : Je te choisirai un homme riche ou un homme à talens : Je n' veux pas que tu sois la femme d'un ignorant ; vous v'là frais, mon pauvre Raphaël.

RAPHAEL.

Air : *vaudeville de l'Etude.*

Cela finira, je l'espère,
Mais c'est vraiment pour en mourir.
Le jour je n'pens' qu'à toi, ma chère,
Et la nuit je n'peux plus dormir.

THÉRÈSE.

J'te fais la même confidence,
C'est vouloir nous sacrifier,
Car nous dormirions mieux, je pense,
Si l'on voulait nous marier.

J'ai pensé à vous toute la matinée, j'ai chanté ces jolis couplets bordelais que vous m'avez appris ; vous savez bien, ceux que vous aimez tant.

RAPHAEL.

C'est bien naturel, n'est-ce pas, la chanson du pays? .... Thérèse, êtes-vous bien sure de m'aimer ?

THÉRÈSE.

Pourriez-vous en douter.

RAPHAEL.

Eh bien, si vous voulez me seconder ; si vous n'êtes pas assez faible pour m'abandonner, si vous avez la force de dire non, vous serez ma femme.

THÉRÈSE.

Et vous serez mon mari ?

RAPHAEL.

Sans doute, l'un ne vas pas sans l'autre. J'suis bon vitrier, mais peintre assez obscur, quoiqu'à la detrempe.

Attendez, mon génie travaille, ça ne sera pas long; je vais vous quitter, pour exécuter mon projet. Vous savez que j'm'appelle Raphaël Beaujour... Nous dirons à votre père, monsieur Gobinart, que je descends directement ou indirectement, ça m'est égal, du fameux Raphaël, ce peintre en miniature...

THÉRÈSE.

Comment! vous voulez faire un mensonge! Si l'on ne vous croyait pas?

RAPHAEL.

Soyez tranquille.

Air : *Mon pays avant tout.*

Comme vous, je sais bien, ma chère,
Que d'un menteur on doit se défier.
Lorsque je mens, c'est que c'est nécessaire,
Mais je n'en fais pas mon métier. (*bis.*)
Dans mon pays on connaît la franchise,
Chaque habitant la trouve de son goût;
La vérité fut toujours ma devise :
Je suis gascon, mon pays avant tout.

THÉRÈSE.

Voilà mon père, si je pouvais rentrer sans être vue!

(*Gobinart sort, Thérèse passe derrière lui et rentre à la maison.*)

SCENE III.

GOBINART *seul.*

Je ne puis pas sortir de chez moi sans entrer dans des inquiétudes mortelles, et je ne puis pas rentrer sans sortir de la douceur qui me caractérise, je trouve toujours ma fille exaspérée; elle me craint, elle se moque de moi, elle pleure, elle boude; je l'interroge, elle garde le silence. Je vois bien que c'est un mari qu'il lui faut. On croit, de par le monde, que je ne donne à ma fille que quatre cents francs en mariage, c'est la calomnie qui veut nuire à son établissement; car je lui donne quatre cent soixante-quinze francs, et l'espérance ; l'espérance comptant.... et le reste dans deux ans. Aussi ne veux-je pas la marier légèrement.

SCENE IV.

M. GOBINART, RAPHAEL, BEAUJOUR.

RAPHAEL, *il a changé de costume, il porte un carton qui contient des dessins.*

Oh ! voilà le papa, donnons-nous une tournure respective.

GOBINART, *sans voir Raphael.*

Ah ! ça faut que je m'en aille jusqu'à la rue Jean-Jacques Rousseau, voir si la poste a pensé à moi. J'attends une lettre de ma femme qui est en famille à Poissy.

RAPHAEL, *à part.*

Il faut commencer la conversation adroitement. *(haut.)* Bonjour, Monsieur, comment vous portez-vous ?

GOBINART.

Monsieur, je n'ai pas l'honneur.....

RAPHAEL.

Il est possible que vous n' me reconaissiez pas bien distinctement..... C'est égal, vous êtes monsieur Gobinart ?

GOBINART.

Oui, Monsieur.

RAPHAEL.

Jé mé nomme Raphaël Beaujour.

GOBINART.

Je ne connais pas.

RAPHAEL.

Jé suis artiste, peintre en miniature et en grand ; et de plus vitrier-doreur et petit-fils du fameux Raphaël qui a inventé les sillouettes, dont vous avez peut-être entendu parler.

GOBINART.

Ah ! ah !

RAPHAEL.

Jé sais que vous êtes amateur.

GOBINART.

Oui, un peu.

RAPHAEL.

Jé vous apporte quelques-uns des modestes produits de mon industrie. (*Il ouvre le carton et lui présente plusieurs caricatures.*) Voilà des paysages, des animaux, des académies.

GOBINART.

Diable ! vous avez le crayon facile.

RAPHAEL.

Monsieur, je dessine aussi d'après la bosse. tenez, voici Mazurier dans Polichinelle Vampire.

GOBINART.

Vous faites des portraits de fantaisie ;

RAPHAEL.

Et des portraits de famille. Dernièrement un particulier m'a fait faire le portrait d'un enfant de deux mois, en bas-âge. Vous savez que rien n'est plus difficile que de peindre en pied, un enfant au maillot...

GOBINART.

Parce que ses formes ne sont pas encore développées.

RAPHAEL.

Eh bien, j'ai surmonté la difficulté.

GOBINART.

Vous avez réussi ?

RAPHAEL.

Le propriétaire de l'enfant a été enchanté.

GOBINART.

Pourriez-vous, Monsieur, disposer de vos talens en ma faveur.

RAPHAEL, *à part.*

Profitons de l'occasion, elle est bonne. (*haut.*) Eh ! bien, monsieur, entrons chez vous.

GOBINARD, *à part.*

Si c'était un amoureux. (*haut.*) Non pas, monsieur, non pas, vous n'entrerez chez moi, que quand vous m'aurez donné cette preuve incontestable de votre mérite.

RAPHAEL.

Comment, Monsieur, vous voulez poser au milieu d'uné promenade?

GOBINART.

Vous aurez un jour superbe; franchement je devine votre intention et si vous réussissez, je vous permettrai de vous mettre sur les rangs pour épouser ma fille; je veux la donner à un homme capable de se faire remarquer.

RAPHAEL.

Allons, à l'ouvrage. Mais je n'ai pas mes pinceaux.

GOBINART.

C'est égal, vous allez me peindre au crayon.

RAPHAEL.

Vous vous contenterez donc d'un croquis?

GOBINART.

Certainement... si vous me faisiez en Apollon; hein! qu'en dites-vous?

RAPHAEL.

Vous êtes un peu marqué.

GOBINART.

C'est égal, je ne serais pas faché...

RAPHAEL.

Asseyez-vous, je vais essayer votre tête, après nous verrons... je vais donc me figurer que je dessine d'après l'antique...

GOBINART, *se plaçant.*

Je suis tout à vous.

(*Raphaël pose un genou en terre, et met son carton sur l'autre.*)

RAPHAEL, *à part.*

Dieu d'amour conduit mon modeste pinceau.

(*Il dessine en chantant.*)

Air : *Et pourtant papa.*

L'art de la peinture
Est un art exquis,
On vend bien, j'vous l'jure
Un simple croquis.
Pour n'en pas manquer
Au travail j'me livre
Un peintre peut vivre
S'il a d'quoi croquer. (4 fois.)

J'vous prends pas en traître,
Et j'vous l'dis franch'ment,
Sans être un grand maître
J'travaill' gentiment.
Pour ne pas s'tromper
C'est très-difficile,
Mais je suis habile
J'vais vous attraper.

A fair' des merveilles,
J'suis déterminé.
J'vous lâche les oreilles
Pour vous prendre le né.
L'portrait s'ra r'semblant
Sans qu'jamais j'le r'touche,
En fermant la bouche
Vous serez parlant.

(*Pendant ces couplets, Raphaël a dessiné la figure de Gobinart.*)

V'là qu'est fait. (*Il montre le dessein au public.*)

GOBINART.

Vous êtes expéditif... ah! mon dieu!

Air : *Faut d'la vertu.*

Comme me voilà ressemblant,
Ah! mon cher ami, quel talent! (bis.)

Voilà bien ma bouche vermeille,
Mon air fier et majestueux;
Vous ne m'avez fait qu'une oreille,
Mais sans mentir, elle en vaut deux.

Comme me voilà ressemblant!
Ah! mon cher ami, quel talent!

RAPHAEL.

Si j'osais vous offrir ce dessein ?

GOBINART.

Vous me donnez ma tête ! que d'obligations... je veux la faire encadrer.

RAPHAEL.

Elle en vaut bien la peine.

GOBINART.

Mon ami, continuez, et vous gagnerez de l'or.

Air : *du Ménage de Garçon.*

Vous serez du siècle où nous sommes
Le plus riche et le plus subtil
Si vous dessinez tous les hommes
Que l'on ne voit que de profil.

RAPHAEL.

Je veux, pour avoir de l'ouvrage,
Dessiner tous les courtisans,
Ces Messieurs changent de visage
Trois ou quatre fois tous les ans.

GOBINART.

Je vais consulter ma fille, et si votre talent lui plaît, ma foi.

SCENE V.

GOBINART, RAPHAEL, UN FACTEUR.

UN FACTEUR.

Monsieur Gobinart !

GOBINART.

C'est moi.

LE FACTEUR.

V'là une lettre... quatre sous...

GOBINART.

Poissy ! ah ! ah ! c'est de ma femme. Pardon, monsieur Raphaël. (*Il lit.*) Ah ! ah ! ah ! mon dieu ! ah !

qu'est-ce que je vois! ah! monsieur, n'y a rien de fait...

RAPHAEL.

Comment?

GOBINART.

Ecoutez. (*Il lit.*) « Mon cher petit rat, » c'est son mot d'amitié. « je connais tes dispositions à l'égard de » ma fille. » Oui, elle veut dire not' fille, puisque je suis son mari.

RAPHAEL.

Ça n'prouve rien, continuez donc.

GOBINART.

« Tu veux lui donner un époux un peu extraordinaire, » je t'en adresse deux... Monsieur Muscade, escamo- » teur-physicien, et monsieur Plumpuding, danseur » anglais; ce sont des hommes étonnans. Le premier » fait tout paraître et disparaître à volonté, ce qui est » fort agréable par le temps qui court. Le second danse » la Russe, la Polonaise, la Cosaque, l'Allemande et » l'Anglaise avec une légèreté extraordinaire; il excelle » surtout dans la danse comique; il fait une pirouette, » passe un entre-chat à huit, et retombe sur ses deux » pieds, sans poser les mains; dis à ma petite Thérèse » de choisir, elle s'en trouvera bien. » Quelle bonne aubaine! elle choisira.

RAPHAEL.

Mais, monsieur.....

GOBINART.

Mais, mais, mais, prenez que je ne vous ai rien dit, v'là deux fortunes qui m' tendent les bras, j' vous quitte. Ah! quel bonheur! la tête me tourne..... Thérèse, Thérèse! (*Il rentre chez lui.*)

SCENE VII.

RAPHAEL, *seul.*

Allons, me voilà bien moi, avec son escamoteur et son danseur anglais..... Je ne vois plus qu'un moyen pour obtenir la main de Thérèse..... Heureuse inspiration ! ne lui donnons pas le temps de connaître les deux individus en question. Il attend un danseur..... La danse, c'est mon fort ! si j'avais voulu, je serais dans les ballets du grand opéra. Oui, mais il me faut jouer quelques scènes de comédie ; et voilà ce qui m'embarrasse, si j'allais échouer....

Air *de Julie.*

L'épreuve peut être bien rude,
Tout en cherchant à faire de mon mieux.
Le danseur peut par habitude
Ne pas craindre un saut périlleux ;
Mais le comédien est en transe,
Un rien suffit pour le décourager,
Il doit, je pense, avant de s'engager
Réclamer un peu d'indulgence.

Essayons toujours, si je ne réussis pas, j'enlève la demoiselle.

SCÈNE VI.

RAPHAEL, BADIN.

BADIN.

C'est ça, enlève et qu'il n'en soit plus question.

RAPHAEL.

Comment, c'est toi ; mon cher Badin, j'allais aller te trouver ; en ta qualité de costumier, tu peux me rendre un grand service.

BADIN.

Parle.

RAPHAEL.

Monsieur Gobinart, mon beau-père, ne veut pas que je sois son gendre.

BADIN.

J'en ai entendu parler ; c'est une ganache.

RAPHAEL.

Deux prétendans se présentent... d'abord monsieur

Plumpuding, aërien-pirouettiste, qui fait tourner la tête du papa...

BADIN.

Le second?

RAPHAEL.

Le second épouseur est monsieur Muscade, escamoteur-physicien...

BADIN.

C'est un conte.

RAPHAEL

Comment c'est un Comte!

BADIN.

C'est un conte, il n'épousera pas.

RAPHAEL.

Tu peux me servir dans mon projet; je voudrais me faire passer alternativement pour un des deux futurs.

BADIN.

J'ai mes costumes à ton service.

RAPHAEL.

Tu demeures à deux pas d'ici, c'est charmant!

BADIN.

Je veux bien faire les choses.. je te fournirai tous les accessoires, je puis même te promettre des figurans, des danseurs, et te servir de compère, si tu en as besoin, mais c'est à une condition.

RAPHAEL.

Laquelle?

BADIN.

Que nous serons tous de la noce, si tu épouses.

RAPHAEL.

J'allais t'en parler; ta condition me plaît, il nous faut un peu de spectacle; je veux jeter de la poudre aux yeux du papa; ne perdons pas un instant.

BADIN.

Songe surtout à bien jouer tes deux rôles.

Air : *Vaudeville d'une Visite à Bedlam.*

Montre d'abord le danseur

Plein de force et plein de grâce ;
Par maint tour de passe-passe,
Signale l'escamoteur.

RAPHAEL.

Je voudrais escamoter
Mon cher, le père et la fille.

BADIN.

Tu s'rais bien bon t'arrêter.
Escamot' tout' la famille.

ENSEMB.

BADIN.

Montre d'abord, etc.

RAPHAEL.

Je montrerai le danseur, etc.

(*Ils sortent.*)

SCÈNE IX.

GOBINART, *seul.*

Si je pouvais prendre quelques renseignemens sur ces Messieurs, et savoir le moment de leur arrivée... oui, bonne idée ; voilà des gaillards qui feront parler d'eux ; ils peuvent gagner beaucoup d'argent dans la capitale, où l'on est avide de curiosités. Ma fille est assez jolie pour épouser une renommée, un artiste, un homme extraordinaire enfin, et je compte là-dessus.

Air : *Tu ne vois pas jeune imprudent.*

Un gendre me plaira long-temps
S'il peut apporter à ma fille
De la fortune ou des talens.
C'est par là que je veux qu'il brille.
Plus tard je puis avoir recours
A celle qui me fut bien chère,
Et je veux que sur mes vieux jours
Ma fille me serve de père.

(*Pendant ce monologue, les promeneurs arrivent et se placent sur des chaises.*)

Allons jusqu'aux petites voitures, c'est le moyen de savoir si bientôt...

SCÈNE X.

M. GOBINART, BADIN, Peuple.

BADIN, *une trompette à la main; il est habillé en jokei anglais. — Après avoir sonné de la trompette.*

Messieurs et Miladis, vous allez voir paraître Monsieur Plumpuding, une des plus fameuses danseurs de la cité de London. Il va faire de grands efforts pour obtenir toute votre satisfaction, lui et quatre Mistriss qui formaient une partie de son troupe.

GOBINART, *à part.*

Plumpuding; c'est un de mes deux hommes.

BADIN, *continuant.*

Après une minute de préparation nécessaire pour le passement de son habit et le dégourdissement de son jambe; vous allez le voir, le juger et, le claquer comme il l'a toujours été dans toutes les cours de l'Europe.

Air : *vaudeville des Maris ont tort.*

Il se montre des plus ingambes.

GOBINART.

C'est donc un danseur bien malin?

BADIN.

Il saute a se casser les jambes.

GOBINART.

Cet homme fera son chemin.

BADIN.

Jamais un péril ne l'arrête.
Je l'ai vu dans un bel moment
Tomber à se fendre la tête...

GOBINART, *enchanté.*

Il doit avoir de l'agrément.

Je vois ce que c'est, il vientici exprès pour me mettre à portée de l'admirer. Je lui saurai gré de l'attention (*appelant.*) Thérèse, Thérèse !

THÉRÈSE.

Me voilà, mon père.

GOBINART.

Mademoiselle, restez-là et admirez.

THÉRÈSE.

Que voulez-vous que j'admire ?

GOBINART.

Vous allez le voir, silence !

SCÈNE XI.

Les Précédens, RAPHAEL, *sous le costume outré d'un gros anglais, il est suivi de quatre anglaises; musique; plusieurs danseurs habillés en jockeis anglais, précédent Raphael, et se rangent de chaque côté de la scène. Raphael danse une anglaise avec les quatre femmes. Gobinart paraît émerveillé.*

BADIN, *à part, à Thérèse pendant la danse.*

C'est Raphael.

THÉRÈSE.

Je comprends.

CHŒUR, *de curieux après la danse.*

Air : *des Gardes Marine.*

C'est charmant !
Etonnant !
Cette danse est ravissante.
C'est charmant,
Surprenant !
Il surpasse notre attente.
Vraiment
Ma surprise augmente,
Que sa tournure est plaisante,
Plus d'un danseur que l'on vante
N'en pourrait pas faire autant.

(*Raphaël sort avec les quatre danseuses.*)

SCENE XII.

M. GOBINART, THÉRÈSE, CURIEUX.

GOBINART.

Eh bien, ma fille, comment le trouves-tu ?

THÉRÈSE.

Il est charmant.

Air : *Ce boudoir est mon Parnasse.*

A chaque instant on m'assure
Qu'les maris aim'nt à changer,
Mais celui-là, je le jure,
N'est pas fait pour voltiger.
L'inconstance est sans égale
Chez les épouseurs français.
Pour n'avoir pas de rivale
Il faut aimer un Anglais.

GOBINART.

Même air.

Je doute qu'on le surpasse,
Quelle force, quel talent ;
Dans sa danse que de grâce,
Qu'il saute légèrement !
Je t'en fais l'aveu sincère,
C'est p't'êtr' par esprit français,
J'ai toujours aimé, ma chère,
A voir danser les Anglais.

SCÈNE XIII.

M. GOBINART, THÉRESE, BADIN, CURIEUX.

BADIN, *en grande livrée.*

Messieurs et Mesdames, vous allez voir paraître monsieur Muscade, escamoteur, physicien ; après plusieurs tours plus surprenans les uns que les autres, il escamotera six petits enfans et une jeune demoiselle, sans que personne s'en aperçoive.

GOBINART.

Diable ! cela promet..... Mais rentrez, ma fille, on ne sait pas ce qui peut arriver..... et nous fermons la porte à double tour. Voilà ce qui s'appelle un enfant docile. (*Sitôt qu'il a le dos tourné, Thérèse ouvre la fenêtre.*) Pour vous, (*aux jeunes personnes*) mesdemoiselles, tenez-vous bien. (*A Badin.*) Ah ça, vous dites donc qu'il va tout faire paraître et disparaître.

BADIN.

A sa volonté. Mais ce n'est pas ce qu'il fait de plus étonnant ; ça se voit partout.

Air : *vaudeville de Lantara.*

Le souvenir d'une dette,
Le déjeûner d'un glouton,
Les écus à la roulette,
L'esprit d'un amphytrion,
Les attraits de nos coquettes,
Le bon vin dans un banquet,
L'innocence des fillettes,
Ca paraît et disparaît.

La richesse d'un artiste,
La prudence d'un jaloux,
La pudeur d'une modiste,
L'éloquence d'un époux ;
D'vant la valeur affermie
D'cent Français qu'on attendait,
Toute une armée ennemie,
Ca paraît et disparaît.

SCENE XIV.

LES PRÉCÉDENS, RAPHAEL.

(*On apporte une grande table garnie de cartes et de gobelets, et un guéridon sur lequel est posé une corbeille de fleurs.*

RAPHAEL, *habillé en escamoteur, habit rouge, perruque, etc.*

Messieurs et Mesdames, je m'en vais vous exécuter dans l'instant différens tours et expériences que vous n'avez encore vus que par moi, qui ne suis jamais venu dans cette estimable capitale.

GOBINART.

Volontiers.

RAPHAEL, *à Badin.*

Prends cette lettre, Thérèse est à sa fenêtre, elle nous a reconnus : elle va descendre, conduis-la chez ma mère où elle restera jusqu'à ce qu'elle en sorte.

BADIN.

Compte sur l'intelligence de mon amitié; charge-toi du père, je me charge de la fille.

RAPHAEL, *retournant à sa place.*

Messieurs, ceci c'est trois muscades; la première, je la mets dans la main passe.... la seconde de même, idem passe, et à la troisième, passe, contrepasse. (*Pendant ce récit, Badin a montré le billet à Thérèse qui le monte avec un ruban.*) Tout est passé; et cependant je parie, Messieurs et Mesdames, que vous n'avez rien vu?

GOBINART.

Rien du tout.

RAPHAEL, *à part.*

C'est ce qu'il nous faut. (*A Gobinart.*) Monsieur, veuillez choisir une carte. Regardez-la bien. Ayez la complaisance de la brûler. Je prends cet œuf, et pour prouver à l'honorable compagnie qu'il n'est point préparé, je le casse avant de le mettre dans ce mouchoir. A présent, Monsieur, mettez les cendres de votre carte dans ce pistolet, tirez sur ce mouchoir. (*Gobinaut tire le pistolet.*) Vous vous rappelez quelle est votre carte?

GOBINART.

Oui, Monsieur

RAPHAEL, *déployant le mouchoir.*

Elle est dans cet œuf. (*Il casse l'œuf et donne la carte à Gobinart.*) Voyez, Monsieur, si c'est bien elle.

GOBINART.

Oui, oui, c'est bien la même !

TOUS.

Bravo ! bravo !

BADIN, *bas à Raphael.*

La porte est fermée et je n'ai pas la clef.

RAPHAEL.

Sufficit... (*haut.*) Ces tours ne sont que des jeux d'enfans. Maintenant, Messieurs, nous allons passer à une expérience beaucoup plus difficile, et je vous avoue avec toute la modestie qui me caractérise, que j'ai bien peur de la manquer.

GOBINART.

Ah ! voyons ça ; ça d'vient curieux ; s'il la manquait j'en rirais long-temps.

RAPHAEL.

Quelqu'un de la compagnie aurait-il une clef ?

GOBINART.

Tenez en voilà une.

RAPHAEL, *à Badin.*

Attrape la clef. (*haut.*) sous quel gobelet, voulez-vous que je la fasse passer?

GOBINART.

Sous celui du milieu. (*à part.*) Ça va l'embarrasser.

RAPHAEL.

Dans celui-ci... passe. (*Il glisse la clef à Badin.*) L'avez-vous vue passer ? n'auriez-vous pas un mouchoir ?

GOBINART.

En v'la un.

RAPHAEL.

Merci. Je vais vous bander les yeux et faire avancer douze grenadiers armés d'une cartouche dans douze fusils ; ils vont tirer sur Monsieur, à bout portant, et Monsieur, se trouvera ensuite dans une orange de portugal, à cinq cents lieues d'ici.

GOBINART.

Du tout, Monsieur, je ne veux pas d'ça.

RAPHAEL.

Vous ne souffrirez presque pas.

GOBINART.

Je ne veux pas souffrir du tout.

RAPHAEL.

Aimez vous les oranges, Monsieur?

GOBINART.

Oui, Monsieur, lorsqu'elles sont sucrées.

RAPHAEL, *lui jettant une orange.*

Passez.

GOBINART, *attrapant l'orange.*

Ah ! le drôle de tour !

RAPHAEL.

Remarquez que je vais faire ce tour sans gibecière.

GOBINART.

Passez à l'escamotage de la demoiselle.

TOUS.

Oui, oui, à l'escamotage de la demoiselle.

(*Pendant ce dialogue, Badin a ouvert la porte ; il remet adroitement la clef dans la poche de Gobinart et disparaît avec Thérèse.*)

RAPHAEL.

Volontiers ; mais avant tout revenons au tour de la clef ; je vais la faire passer du gobelet dans la poche de monsieur Gobinart.... Regardez bien ce tour-là.... Passez..... Elle est arrivée ; cherchez.

GOBINART, *montrant la clef.*

En effet, le tour est joli.

RAPHAEL, *à Badin.*

Apportez mes deux petits goblets.

(*Badin apporte deux grands gobelets que l'on place sur la table.*)

GOBINART.

Cet homme-là ne doute de rien.

RAPHAEL.

C'est que je n'escamote pas comme un autre.

GOBINART.

Je n'ai pas encore rencontré votre pareil. J'ai cependant vu bien des escamoteurs.....

RAPHAEL.

Il n'en manque pas. On ne voit que de ça.

Air : *Voilà la manière.*

De l'escamotage
L'on fait un métier.
Ce prêteur sur gage,
Ce banqueroutier,
Cet adroit joueur
Qu'un malin compère seconde,
Et ce fournisseur
Dont on parle tant à la ronde...
Sans compter, je pense,
Tous les procureurs
Grand dieu! dans la France
Que d'escamoteurs.

(*A Gobinart.*) Monsieur, avez-vous plusieurs enfans ?

GOBINART.

Monsieur, j'ai une fille.

RAPHAEL.

Elle est fort jolie, je le sais.. .. En voulez-vous d'autres ?

GOBINART.

Mais oui, je ne serai pas fâché, j'aime beaucoup les enfans.

RAPHAEL.

Je prends un peu de poudre que je pose là..... (*On pose le bout du doigt sur un gobelet.*) Enlevez. (*On enlève un gobelet sous lequel se trouve un petit Chinois.*
Un enfant pour M. Gobinart.

GOBINART.

C'est délicieux!

RAPHAEL.

Sous celui-là de même, un peu de poudre. Enlevez. (*Il lève le second gobelet sous lequel se trouve un autre petit Chinois.*) Encore un enfant pour monsieur Gobinart. (*On replace les gobelets.*) En voulez-vous encore?

GOBINART.

Non, non, en voilà assez.

RAPHAEL.

Pardonnez-moi, monsieur Gobinart, il vous en faut encore. Allons, un peu de poudre. Enlevez (*On enlève un gobelet sous lequel se trouvent deux petits Chinois.*) Deux enfans pour monsieur Gobinart.

GOBINART.

C'est de plus fort et plus fort.

RAPHAEL, *avec vivacité.*

Un moment, vous n'avez encore rien vû.

GOBINART.

Comment, vous croyez ?

RAPHAEL.

Je vais maintenant m'escamoter moi-même.

GOBINART.

Plaisantez-vous.

RAPHAEL.

Non parbleu ! mais je ne fais jamais ce tour sans prendre un compère ; et vous allez m'en servir.

GOBINART.

Monsieur, vous me faites beaucoup d'honneur.

RAPHAEL.

Prenez ce gobelet. (*Gobinart prend le gobelet.*) Couvrez-moi.

GOBINART.

Comment vous voulez que je vous mette là-dessous?

RAPHAEL, *montant dessus la table.*

Il le faut bien. A votre commandement, je partirai comme une muscade.

GOBINART.

La muscade est un peu grosse. (*On couvre Raphael avec le gobelet.*)

BADIN.

Commandez, monsieur Gobinart ?

GOBINART.

Qu'est-ce qu'il faut dire ?

BADIN.

Passez !

GOBINART.

Passez ! (*Badin lève le premier gobelet, Raphael est disparu. Il lève le deuxième, Raphael s'y trouve.*) Ah ! bravo ! bravo !

RAPHAEL.

Ce n'est pas tout, couvrez-moi encore. (*Badin le couvre.)*

BADIN.

Où voulez-vous qu'il passe, monsieur Gobinart. Parlez, vous serez obéis.

GOBINART.

Où je veux qu'il passe? ça dépend donc de moi?

BADIN.

Absolument.

GOBINART, *à part.*

J'ai bien envie de l'attrapper, pour m'assurer s'il est véritablement invisible. *(Il cherche des yeux un endroit et fixe la corbeille de fleurs qui est sur le guéridon.)* Eh bien, Monsieur, je désirerais le voir passer dans cette corbeille de fleurs.

BADIN.

C'est très-facile.

(Il va pour lever la corbeille.)

GOBINART, *l'arrêtant.*

Un moment... il y est peut-être déjà.

BADIN, *revenant au gobelet.*

Je vais vous convaincre du contraire. *(Il lève le gobelet à moitié. On aperçoit Raphael.)* Maintenant dites passez!

GOBINART.

Passez!

(Badin va lever la corbeille, Raphaël s'y trouve habillé en Chinois. Il est placé comme une Pagode.)

Et il n'y a plus rien là-dessous. *(Il renverse le gobelet.)*

CHŒUR DE CURIEUX.

Air *des Gardes Marine.*

C'est charmant!
Etonnant!
Quelle surprise agréable.
C'est vraiment
Surprenant.
Oui, ce tour est impayable.
Je n'ai rien vu de semblable,
De tout cet homme est capable,
C'est un sorcier véritable
Ou bien c'est un revenant.

RAPHAEL, *descendant de la table.*

Eh bien! monsieur Gobinart, êtes vous content?

GOBINART.

Je n'y résiste pas... si content, Monsieur, que si vous voulez ma fille, elle est à vous.

RAPHAEL.

J'accepte d'autant plus et vous me refuserez d'autant moins que je suis à la fois Raphael-Beaujour, milord Plumpouding, Muscade l'escamoteur. et le chinois Kolicouf pour vous servir...

GOBINART.

Je cours chercher ma fille.

THÉRÈSE.

Me voilà mon père.

GOBINARD, *stupéfait.*

Que vois-je ma fille !.. mais c'est impossible, elle est enfermée à double tour et j'ai la clef dans ma poche.

RAPHAEL.

Ne vous avais-je pas dit en commençant que j'escamoterais une demoiselle..... (*On entend des instrumens en dehors.*)

BADIN.

Voilà le signal du divertissement que je vais vous donner dans mon grand jardin; venez-y prendre place, M. Gobinart ? il servira de prélude aux noces de mon ami Raphael. (Musique.) (*Tout le monde sort.*)

SCÈNE XV ET DERNIÈRE.

GOBINART, THÉRESE, RAPHAEL, BADIN, DANSEURS, DANSEUSES, etc.

(*Le Théâtre change et représente un jardin préparé pour une fête.*)

BADIN, *à Gobinart.*

Raphael a fait ses preuves, c'est à moi de me distinguer. Je vais déployer à vos yeux tout le luxe de mes costumes. Ensuite les Turcs et les Chinois rentreront dans mon magasin avec les Anglais et les machines. Prenez place.

(*Gobinart, Thérèse, Badin et une foule de curieux se placent des deux côtés de la scène.* Divertissement final.)

FIN.

www.ingramcontent.com/pod-product-compliance
Ingram Content Group UK Ltd.
Pitfield, Milton Keynes, MK11 3LW, UK
UKHW022146260726
13993UKWH00005B/2183